# BEI GRIN MACHT SICH IHR WISSEN BEZAHLT

AF131366

- Wir veröffentlichen Ihre Hausarbeit,
  Bachelor- und Masterarbeit

- Ihr eigenes eBook und Buch -
  weltweit in allen wichtigen Shops

- Verdienen Sie an jedem Verkauf

## Jetzt bei www.GRIN.com hochladen und kostenlos publizieren

Manuel Kröger

# Die Figurenkonstellation im Trauerspiel 'Miss Sara Sampson' von G. E. Lessing

GRIN Verlag

**Bibliografische Information der Deutschen Nationalbibliothek:**

Die Deutsche Bibliothek verzeichnet diese Publikation in der Deutschen National-
bibliografie; detaillierte bibliografische Daten sind im Internet über http://dnb.d-
nb.de/ abrufbar.

Dieses Werk sowie alle darin enthaltenen einzelnen Beiträge und Abbildungen
sind urheberrechtlich geschützt. Jede Verwertung, die nicht ausdrücklich vom
Urheberrechtsschutz zugelassen ist, bedarf der vorherigen Zustimmung des Verla-
ges. Das gilt insbesondere für Vervielfältigungen, Bearbeitungen, Übersetzungen,
Mikroverfilmungen, Auswertungen durch Datenbanken und für die Einspeicherung
und Verarbeitung in elektronische Systeme. Alle Rechte, auch die des auszugsweisen
Nachdrucks, der fotomechanischen Wiedergabe (einschließlich Mikrokopie) sowie
der Auswertung durch Datenbanken oder ähnliche Einrichtungen, vorbehalten.

**Impressum:**

Copyright © 2012 GRIN Verlag GmbH
Druck und Bindung: Books on Demand GmbH, Norderstedt Germany
ISBN: 978-3-656-52532-5

**Dieses Buch bei GRIN:**

http://www.grin.com/de/e-book/263708/die-figurenkonstellation-im-trauerspiel-
miss-sara-sampson-von-g-e-lessing

# Die Figurenkonstellation zu dem Trauerspiel *Miss Sara Sampson* von G. E. Lessing

LMU München
Institut für Theaterwissenschaft
WiSe 2011/2012
Zum Menschenbild der Aufklärung

Autor: Manuel Kröger
29.11.2011

Sara ist die Tochter des Sir William Sampson und die Geliebte des Mellefont. Durch ihre Liebschaft miteinander haben Sara und Mellefont den Zorn des Vaters, Sir William, auf sich geladen und mussten fliehen. Sie hatten vor, das Land zu verlassen, um ein Leben ohne den Vater zu beginnen.[1] Diesen reut sein Zorn[2] und er macht sich auf die Suche nach Sara und Mellefont, um ihnen versöhnlich zu begegnen, Mellefont als seinen Schwiegersohn anzunehmen und die beiden wieder nach Hause zu holen.[3]

Von der einstigen Geliebten Mellefonts, Lady Marwood, erfährt Sir William den Aufenthaltsort Saras und Mellefonts und er quartiert sich in dem Gasthaus ein, in dem die beiden wohnen.

Sara ist ein tugendhaftes Mädchen, das sich dafür schämt, sich von Mellfont verführt haben zu lassen und dann vor dem Vater geflohen und ihm dadurch ungehorsam geworden ist.[4] Sie ist eine sehr selbstzweiflerische Person, die sich an allem schuldig fühlt und bekennt und gleichzeitig die anderen von deren Verfehlungen losspricht.[5] Ihre Tugendhaftigkeit zeigt sich vor allem im Verzeihen der Marwood gegenüber und im Unterlassen der Rache gegen diese, sowie im Abhalten Mellefonts und ihres Vaters von deren Rachevorhaben gegenüber Lady Marwood.[6]

Mellefont ist ein Liebhaber vieler Frauen und ein unentschlossener Mensch. Er hat vor Sara schon eine ganze Menge anderer Frauen gehabt, unter anderem auch die Lady Marwood, mit der er ein Kind gezeugt hat, Arabella. Er brachte Schande über den Namen Marwoods, indem er sich von ihr trennte und mit Arabella alleine ließ, aus zweierlei Gründen: erstens empfand er keine Liebe mehr zu ihr, zweitens bekam er ein Erbe in Aussicht gestellt, welches er jedoch erst antreten kann, wenn er eine ihm Anverwandte heiratet. Hier stellte er sein Erbe höher, als seine Verantwortung gegenüber der Marwood. Das macht ihn zum einerseits eigennützigen Menschen. Doch bei Sara gewinnt seine Liebe ihr gegenüber dem Eigennutz die Oberhand. Das macht ihn zum andererseits liebenden und treuen Menschen.

Seine Unentschlossenheit kommt zutage, als er sich nicht entscheiden kann zwischen

---

[1] Lessing, G. E.; Lachmann, Karl (Hg.): *Sämtliche Schriften*. Walter de Gruyter & Co, Berlin, 1968. 1. Aufzug, 7. Auftritt, Seite 278, Zeile 5.
[2] Lessing;Lachmann: 3. Aufzug, 3. Auftritt, Seite 303, Zeile 25.
[3] Lessing;Lachmann: 3. Aufzug, 3. Auftritt, Seite 308, Zeile 15 – 27.
[4] Lessing;Lachmann: 3. Aufzug, 3. Auftritt, Seite 308, Zeile 10 – 11.
[5] Lessing;Lachmann: 5. Aufzug, 2. Auftritt, Seite 339, Zeile 16.
[6] Lessing;Lachmann: 5. Aufzug, 10. Auftritt, Seite 349, Zeile 27 – 29.

einem Leben als ungebundener Liebhaber, der noch viele Frauen verführen kann oder als gebundener Ehemann, der Sara auf ewig Treue schwört.[7]

Erst als Sara stirbt, erkennt er seine bedingungslose Liebe ihr gegenüber[8] und diese zeigt er, indem er sich gleichfalls das Leben nimmt. Das beweist auch seine Treue, Reue und den Versuch, seine Fehler wiedergutzumachen durch Selbstbestrafung.[9]

Lady Marwood ist eine intrigante, boshafte und eigennützige Person. Ob sie das von Natur aus ist oder erst durch Enttäuschung und Verzweiflung dazu getrieben wurde, wird im Stück nicht klar.

Sie liebt Mellefont immer noch, vor allem aber möchte sie Anteil an seinem Erbe haben. Sie spinnt mehrere Intrigen: sie mischt sich in die Angelegenheiten zwischen Mellefont, Sara und deren Vater ein, indem sie Sir William den Aufenthaltsort der beiden verrät. Dann lockt sie Mellefont mit einem Brief in ihre Unterkunft, um ihn dort wieder für sich zu gewinnen. Als dies mit Liebesbeteuerungen und guten Worten nicht funktioniert, droht sie mit körperlicher Schädigung Arabellas und schließlich versucht sie, Mellefont zu erstechen, was sie aber nicht schafft. Zum Schluss der Unterhaltung gibt sie Mellefont das Versprechen, nach London zurückzukehren, mit der Bedingung, vorher noch Sara sehen zu dürfen, um sich angeblich von deren Schönheit zu überzeugen. Sie möchte dies unter dem Decknamen „Lady Solmes" tun. Mellefont stimmt dem zu.

Während der Zusammenkunft zwischen Sara und Marwood hat Sara die freudige Nachricht von der Vergebung ihres Vaters zu erzählen. Somit steht dem Glück von Sara und Mellefont nichts mehr im Wege, was die Marwood enttäuscht.[10] Sie muss wegen eines Schwächeanfalls das Zimmer verlassen. Bei ihrem zweiten Erscheinen wird Mellefont durch einen Bediensteten der Marwood abgelenkt, wodurch diese die Möglichkeit hat, Sara von Arabella zu erzählen und Saras Glauben an Mellefonts Tugendhaftigkeit, Treue und Liebe zu erschüttern.[11] Zwar verteidigt Sara Mellefont[12], trotzdem ist sie empfindlich getroffen und sie fällt in Ohnmacht. Marwood vertauscht die Medizin, die die Dienerin Betty Sara verabreichen möchte, mit Gift und flieht mit Arabella als Geisel nach Dover.

[7]Lessing;Lachmann: 4. Aufzug, 2. Auftritt.
[8]Lessing;Lachmann. 5. Aufzug, 10. Auftritt, Seite 351, Zeile 17 – 25.
[9]Lessing;Lachmann: 5. Aufzug, 10. Auftritt, Seite 351, Zeile 23 – 25.
[10]Lessing;Lachmann: 3. Aufzug, 5. Auftritt, Seite 311, Zeile 16.
[11]Lessing;Lachmann: 4. Aufzug, 8. Auftritt, Seite 333, Zeile 25.
[12]Lessing;Lachmann: 4. Aufzug, 8. Auftritt, Seite 334, Zeile 27 – Seite 335, Zeile 7.

Sir William ist ein liebevoller Vater und tugendhafter Mann. Er bedauert es, seine Tochter und ihren Geliebten zur Flucht getrieben zu haben und sieht ein, dass er der Verbindung seinen Segen geben sollte.[13] Er fürchtet um den Verlust von Saras Liebe ihm gegenüber[14], reist ihr nach und erklärt ihr in einem Brief, dass er ihr vergebe, selbst um Vergebung für sein unbedachtes Verhalten bitte und dass er Mellefont gerne als Schwiegersohn annehmen möchte.[15] Er ist ein gütiger Mann, was sich auch in seinem Behandeln seines treuen Dieners, Waitwell, zeigt[16] und er lässt sich von der sterbenden Sara überzeugen, unbefleckt zu bleiben und keine Rache an Marwood zu üben.[17] Ihrem letzten Wunsch kommt er nach: er verfolgt Marwood, um Arabella vor dieser zu retten und als seine Enkelin anzunehmen.[18]

Zum Ende haben Sara, Mellefont und Sir William einander versöhnt und bedingungslose Liebe füreinander gezeigt. Im Zuge dessen nennt Sir William Mellefont seinen Sohn.[19] Lady Marwood dagegen hat sich durch ihre Intrigen selbst dahin befördert, alleine, verfolgt und noch weniger geachtet und beziehungslos zu sein.

---

[13]Lessing;Lachmann: 3. Aufzug, 1. Auftritt, Seite 299, Zeile 13 – 18.
[14]Lessing;Lachmann: 3. Aufzug, 1. Auftritt, Seite 299, Zeile 34 – Seite 300, Zeile 6.
[15]Lessing;Lachmann: 3. Aufzug, 3. Auftritt, Seite 308, Zeile 25 – 27.
[16]Lessing;Lachmann: 3. Aufzug, 3. Auftritt, Seite 308, Zeile 32 – 34.
[17]Lessing;Lachmann: 5. Aufzug, 10. Auftritt, Seite 351, Zeile 14 – 15.
[18]Lessing;Lachmann: 5. Aufzug, 11. Auftritt, Seite 352, Zeile 9 – 11.
[19]Lessing;Lachmann: 5. Aufzug, 10. Auftritt, Seite 351, Zeile 15 – 16.

**Quellen**

Literatur:

- Lessing, G. E.; Lachmann, Karl (Hg.): *Sämtliche Schriften*. Walter de Gruyter & Co, Berlin, 1968.